아직 피지 않은 꽃을 생각했다

이용진 시집

시인동네 시인선 163

이용진 시집

아직 피지 않은 꽃을 생각했다

시인동네

시인의 말

경(景)을 만나 영(咏)으로 들어가고자 하였다.

나의 우경입영(遇景入咏)은
한 송이 꽃,
한 포기 풀에 있다.

2021년 11월
이용진

차례

시인의 말

제1부

관상 · 13
미완의 꽃 · 14
아직 피지 않은 꽃을 생각했다 · 16
저물녘 · 18
없는 시를 권함 · 20
첫사랑 · 22
시를 읽다 · 23
꽃을 보내다 · 24
시 · 26
말단의 힘 · 28
뜸을 들이는 이유 · 30
사랑 · 32
낡았다는 건 · 33
이별 · 34
시집 · 36

짝사랑 · 38
절필 · 40
뻐꾸기 사경 · 42
너라는 꽃 · 44

제2부

위로 · 47
단추 · 48
글꽃 · 50
쉼 · 52
코스모스 · 53
여름 · 54
오래된 달력 · 56
제비 · 58
나의 이력서 · 59

상한 밥 · 60

보풀 · 62

나는 가구다 · 64

동행 · 65

동행 2 · 66

동행 3 · 68

동행 4 · 70

복기(復棋) · 72

오래된 미래 · 74

따뜻한 꽃 · 76

제3부

직관 · 79

시인 · 80

몽유도원 · 82

노계불(老鷄佛) · 84

도강록(渡江錄) · 86

차를 탐하다 · 88

요양병원 · 90

꽃그늘 · 91

검은 새 · 92

부고를 적다 · 94

봄날 · 96

월명(月鳴) · 98

학생 · 100

내가 아팠구나 · 102

도화(桃花)에 머물다 · 104

화개(花開) · 106

과제 · 108

해설 철필(鐵筆)로 꽃을 새기는 문객(文客)의 운명 · 109
　　　우대식(시인)

제1부

관상

새 한 마리 물가에 날아와 제 낯을 비춰본다

얕은 물
먼 뒤편

평생 날아도 다 날지 못할 허공은 그대로인데

아직 할 일이 남았구나

다행이다

미완의 꽃

이 책은 미완의 경전
그것이 못내 아쉽다
한때는 뜨거움이었으나
이제는 재도 남기지 못하였으니
나머지는 침묵으로 견뎌야 했다
오래도록 사하촌 배회하다
일찍 불 끄고 어둠이 된 책

나는 이 책의 적지 못한 뒤쪽을 조금 안다
떠돌고 떠돌았고
잠깐 돌아왔으나 다시 먼 곳을 헤매던,
마침내 아내와 자식도 떠나버리고
사하촌에서도 밀려나 길에서 책을 마쳤다
어쩌면 그는 오래전에
짓던 책을 스스로 덮었는지도 모른다

다만 시간이 한참 지난 후
누구는 구름이라 하고

누구는 바람이라 하였지만 나는 안다
필 때마다 망설이고
피어서도 웃지 못하던,
그늘만 찾아서 피었다가 고요히 시드는
그는 꽃이었다

짓다가 그만두고
다시 짓다가 끝내 그만둔
화경(花經)을 잠깐 빌려 읽었다

아직 피지 않은 꽃을 생각했다

싸락눈 내리는 소리가 난다
싸락눈 밟고 멀리서 누가 온다

들창을 닫고 저녁을 준비한다
어쩌다 끼어든 새소리
바람 소리
장작 타는 소리

아직 피지 않은 꽃을 생각했다
가끔씩 들르는 검은 고양이도 생각했다

누구에게나 가장 빛나는 순간은 있기 마련
다들 그걸 드러내라 했지만

여기에 나를 앉힌 건
싸락눈 껴안고 잠시 왔다 떠나버린
바람 한 호흡

밑줄 가득한 책을 덮는다
아직도 늦어 피는 꽃의 향기를 짐작 못하고
소문 근처만 서성인다
식솔들에게 못한 얘기는 접기로 한다

강물에 발 담글 때
강 끝을 먼저 생각하지 않는다 했지만
열 번쯤 썼다가 지워도
어떻게 뿌리가 꽃이 되는지 모르겠다

내가 거두려 했던 결말마저
자꾸 고쳐가며 새로 피어날 뿐이다

저물녘

나를 앞서간 선생들은 한결같이
무릇 시란 몰자(沒字)와 무문(無紋)으로 빛나는 것
문자로 쓰는 게 아니라 일러주었건만
성미 급한 나는
낙필(落筆)부터 하려 들었다

시간이 지나
내가 꺼낸 말들이 돌고 돌아
다시 나에게 와서
얼룩이 되기도 했다

만들었던 무늬를
하나씩 지워가는 것이 문객의 운명이다

오래전 예언이
내 것처럼 여겨지는 저녁

당분간

나고 죽는 일을 말하지 않더라도
얼룩과 무늬를 분간 못하더라도
여전히 계격(界格)도 구획도 없는
시를 쓸 것이다

얼룩이 된 무늬처럼
무늬가 되는 얼룩처럼
아주 천천히 지워지는
몰골풍(沒骨風) 시를 쓸 것이다

없는 시를 권함

오독과 난독으로 문자에 해 끼치는 일이 될까 봐
조심스레 책장을 들췄고
시 쓰는 일이 세상에 턱없이 주묵(朱墨)을 대는 일일까 봐
필(筆) 한 자루 드는 일도 숙고했다

서둘러 적지 못하면 간신히 왔던 봄이 달아날까 노심초사
그렇게 책 읽고 시 짓던 날들이었다

세상 제각기 장경각인 줄 모르고
깊고 깊게 수만 권 경전 끼고 사는 줄 까맣게 모르고
쓸데없이 허튼 데만 기웃거렸다

책 읽고 시 짓는 일이 뭐 그리 거창하다고
눈앞 세심경도 다 갈아엎지 못하고서
비장비결부터 탐해서야 어디

세상 조상 다 불러놓고 헌화하고 분향한들
지붕이 스스로 올라가 앉을 리 없건만

먹은 것도 다 씹어 삼키지 못하고서
집 한 채 세울 일 먼저 도모하다니!

계를 어기지 않았다고
젊어 생긴 병이 절로 낫지 않는다

하늘과 땅에 소(疏)를 올리듯 시를 짓지 못했더라도
그만 자리 털고 나서거라
천 편 시와 만 권 서책이 한자리에 있지 않으니

문객이란 원래
붓으로 글을 짓지 않는 법이다

첫사랑

꿈에 나무가 가지 하나를 내밀었다
손을 뻗었으나 닿지 않았다
코끝을 간질일 만큼 가까웠지만

오래전 그녀는 떠났다
잡고 싶었으나 잡지 않았다

잡지 못한
꽃그늘 아래 있다 보니
꽃향기만 몸에 뱄다

향기는 두고
꽃만 떠났다

어쩌면
꿈에서 먼저 손을 내민 건 나였는지도 모른다

시를 읽다

세상의 꽃을
다 알아주지는 못한다

알아주지 않는다고
피던 꽃 멈추지 않는다

사연이 제각기 다르니
꽃이 피지 않을 이유가 없다

아침이다

꽃 핀 사연을 듣겠다고
뒤꿈치 들고
꽃 가까이 귀를 가져다 댄다

꽃을 보내다

산막 귀퉁이 빌려
한철

꽃 피고
꽃 지는 사이

왔던 날 다 헤아려 보기도 전에
놓아줄 것이 많아
빈손만 마주 부볐습니다

사람의 반생이라는 것도
꽃의 한 시절처럼
반짝 일어서기도 하고
주저앉기도 합니다

한 주가 가고 달이 바뀌었습니다
마른 손바닥 같은 나날이었습니다

그러고도 남은 날들이 더 있었지만
길 잘못 든 사람의 한 호흡이라는 게
바람결에도 쉽게 흔들려

지금은 그저
꽃이 왔던 길 다 헤아려 보지 못했던 것처럼
꽃이 가는 길도
마저 따라가 보지 못합니다

시

볕 좋으면
빨래를 하고 싶습니다

바래고 낡은 옷가지들
정성껏 빨아 널면
보송보송한 손바닥
얼굴에 비벼 올 것 같습니다

볕에 기대고
물에 힘입어
일자일구(一字一句) 성심껏 주무르다 보면
간결하고 명징한 말들만 남아
처음부터 제 것인 양
딱 맞을 것 같습니다

여기저기 올이 나가고
실밥이 터진 하체를
들쭉날쭉 허공에 펄럭거려도

다 함께 머리끝 키를 맞춘
어느새
눈부신 빨래

볕이 좋으면
뜨거운 볕 아래 나앉아
빨래통 뒤적여
오래 묵은 남루만 골라내 고치겠습니다

말단의 힘

무심코 내 옆구리를 툭 치고 갔을 뿐인데
손끝에 몸무게가 고스란히 전해져 온 것이었다

이제 와서 하는 말이지만
우리 그만 만나
한 마디 들은 것뿐인데
마음 온통 전해져오는 것 있지
내게 주었던 마음 한 귀퉁이 접었을 뿐인데
내가 덮고 있던 것을 몽땅 빼앗긴 기분이었어

그래도
뜨거운 아랫목
장판이 까맣게 타 있어도
그만큼 뜨거웠던 흔적이다
그리 생각하려고

뭐 그런다고
떠난 사랑이 돌아오겠는가

까맣게 탄 마음
표백제 담근 듯 환해지겠는가

다만
벌어져 말려 올라간 기름장판 귀퉁이처럼
내 마음 검뎅이 한쪽
슬쩍 들쳐진 것이었다면
그것만은
지금이라도 덮어두고 싶었던 거지

뜸을 들이는 이유

아내가 밥을 짓는 동안
마음 급한 나는 재촉하고
아무리 급해도 뜸은 들여야 한다고
기다리라 하는 동안

알람이 울리고
전화가 오고
아이가 깼다

뜸이 다 들 때까지 지긋이 기다릴 수 없는 나는
빈 숟가락만 들었다
놨다
공들여 지은 밥 차려내기 전
집을 나선다

기다리는 건
원래 쉬 오지 않는다

뜸은 어디에서 생겨날까
있는 것과 없는 것
온 것과 오지 않은 것 사이
어디쯤

꺼내놓기 급급했거나
설익은 것들만 내놓았던

여태 내가 들이지 못했던 뜸의 간극을 찾느라
종일 몸 안에 뜸을 들인다

사랑

마당가
발목 가는 살구나무 하나가
자신도 어쩌지 못하겠다는 듯
무작정 꽃을 피웠습니다

세상 온통 환해지며
도대체 딴 곳에 온 것만 같습니다

몸 떨리며
팔뚝에 오소소
소름 돋았다가

땀구멍이
다시
죄다 열릴 것만 같은!

낡았다는 건

빨래를 개던 아내가
속옷을 새로 사자 하였다

색이 바랜 솔기 터진 속옷에
마음 불편했던 모양이다

무엇이든 오래 사용하면 낡기 마련
낸들 때 빼고
광내고 싶지 않겠는가

그러나 속옷 한 장 바꾼다고
세월의 더께가 지워질까

그냥 놔두는 것도 괜찮겠다

낡았다는 건
아직 가져 보지 못한 색깔을
새로 하나 얻은 것

이별

꽃이 진다

꽃 지는 일 한두 해도 아닌데
철렁, 마음 흔들린다

그는 가고
마지막까지 물고 있던 뒷모습
탁, 놓는 순간

오래전부터 짐작했던 듯
순식간에 시드는 꽃

줄 것 없는 나는
마음이나 꾹꾹 쟁여 넣는다

빗속에서는
꽃이 더 잘 보인다
새소리 잘 들린다

붉은 꽃

피었다

빗속에 진다

시집

서쪽으로 가야겠다

서쪽이라고 가만히 불러보면
조금씩 잦아드는 말들

꽃 지는 때를 내가 먼저 알고 찾아갔으면 좋겠다

그곳에 가서 달리아 구근처럼 웅크리고 견딘
지난겨울 얘기를 해야겠다

말다툼으로 보낸 시간이 더 많았던 나날도
겨우 연둣빛이 돌다가 사라진 싹에 대해서도
뜨거워 감당 못하던 슬픔에 대해서도 말해야겠다

내가 무엇에 시달렸는지
무슨 꽃대에 마음이 흔들렸는지
바람이 불 때마다 어떤 노래가 흘러나왔는지
고백해야겠다

그러고 보니 여태껏 작은 통증에도 쉬 상처를 꺼내놓았고
어두운 귀로 세상 사연을 전했다
헐벗지 않은데 누추함을 먼저 말했고
부끄러움과 자랑을 구구절절 교대로 적었다

더 늦기 전에 서쪽으로 가야겠다

햇살이 사라지기 전 오래된 달력을 꺼내
한 장 한 장 뜯어 널어놓아야겠다
젖은 날짜가 다 마를 때까지 기다리겠다
그러고도 남은 얘기가 더 있다면
설사 해가 저물더라도 그것들만은 관둬야겠다

짝사랑

받은 줄도 모르고
받았다고 믿지는 않는다
보지 못한 뒷면을
내게 보낸 신호였다고
선뜻 따라할 수도 없었다

아무리 오랜 시간이 지나도
말라죽은 둥치에서
싹 트고 꽃 피는 일은 없을 것 같지만

흰 구름
흰 꽃
흰 꿈
가볍고 환하게 부풀었던 솜사탕

손도 닿지 않았는데
저절로 허물어져 형편없이 쪼그라진 채
손끝에 달라붙는 솜사탕

침 흘리면서도
끝내 입술과 혀를 대보지 못했던

참 이상하지
증발하지도 않고 천연스럽게 눌어붙은
그 하얗던 눈구름

혀도 대보지 못했는데
입 다물고도
그 맛을 훤히 알 것 같으니

절필

 한때는 있었으나 지금은 사라졌다는 무량사 뒷산 산벚나무 흔적 좇아 이십 리를 갔다가 돌아왔지만 발에 묻은 흙 다 털기도 전에 그만 화폭을 덮고 말았습니다 햇볕이 앞산 편백나무 가지에 올라앉기 전 미명을 틈타 한 소리 지르고 돌아왔지만 메아리가 사그라지기도 전에 비비고 앉았던 자리를 파하고 말았습니다 원래 봉황은 뜨거운 불 속에서 솟구쳐 오르고 뭇새는 기척에 놀라 나뭇잎 사이로 숨기 마련, 일도 아닌 일이다 하시겠지만 입 다물고 끝까지 갈 수도 없었던 터라 그만 깨끗이 손 털고 말았습니다 아무리 돌아봐도 어디쯤에서 신발 벗고 더운 발 식혔는지 어디쯤에서 옷깃 매만졌는지 기억나지 않습니다 심주(心柱)를 잡는답시고 매달렸던 것이 허튼 데 쓴 힘이었음을 찬물 한 그릇 떠 마시며 이 새벽 간신히 깨달았으니 알 것 다 안다고 아무리 설레발 쳐도 종내는 싫증 나 벗어던진 옷가지와 같아져서 나 이제 그만 할랍니다

 여기까지입니다
 이게 다 내가 떡 하니 춤판에 다시 나서지 못하는 이유가 되는지요 안 된다 하시더라도 이제 다시 내 속에서 터지는 붉

은 꽃 함성을 바라지 마시고 그만 날 놔주었으면 좋겠습니다
다시 뭔가를 시작하자니 안 그래도 걱정부터 앞섭니다 허니
부디 나를 모른 척 지나가 주면 고맙겠습니다

뻐꾸기 사경

뻐꾸기가 운다
받아 적는다

탁란 마친 뻐꾸기가
새끼 걱정으로 운다
잘 자라라, 다 자랐다
이제 독립할 때가 되었다
일러주느라 운다

형님을 화장하고 나오던 길
승화장 뒷산 뻐꾸기가 울었다
일찍 이혼한 형은
부모 둥지에 새끼를 옮겨놓고
혼자 떠나버렸다
이십오 년 전 일이다

그때부터 형은 시구(鳲鳩)처럼 울었는지 모른다
날이 저물었다고, 계절이 바뀌었다고

등록금을 부쳤다고 때마다 울었다
죽어서도 울었다

옮겨 적고 보니
말만 다를 뿐
세상에 탁란한 아들 먼저 앞세운 부와 모
이미 팔십 평생 철마다 우느라
등이 다 굽은 뻐꾸기였다

너라는 꽃

참견할 바는 아니다 싶습니다만 그래도 한마디 보태자면 누구의 마음도 쉽게 낚기 힘들고 낚는다 하더라도 오래 가기도 어렵습니다 그러니 지금이 마지막이라고 생각하세요 지금 이 순간은 느리게 왔다가 빨리 가버리는 꽃과 꿀의 시간입니다 멀리서는 실루엣만 보일 뿐 바닥도 꼭대기를 다 알기 어렵지요 꽃 피었다고 환호할 일도 꽃 졌다고 낙심할 일도 아닙니다 꽃잎 받아들고 담담하지 못하다면 꽃 지는 순간도 온전히 받아내지 못할 테지요 그냥 한번 바닥과 꼭대기를 왕복하는 순간 모른 척하거나 호들갑 떨지 않아도 됩니다 알고 보면 이 순간도 그리 오래 기억되지 않고 영원히 잊히지 않을 것 같던 순간도 바래고 희미해집디다 지금 속 쓰리고 지금 캄캄한 사막이어도 지금이라는 건 그저 다음의 시작일 뿐입니다

제2부

위로

오랜만에 뵌 시인은
덜컹거린 십 년을 얘기했다

산다는 게
덜컹거리며 가는 것 아니겠냐는 그 말
바닥이 울려서
잠시 나를 견줘봤다

선생에 비하면
내 덜컹거림은 한참 멀었고

대신
덜컹거리는 여운을
마음 바닥에 옮겨놓고
때마다
가만히 손을 대보곤 했다

단추

코트를 입으려고 꺼냈더니 단추 두 개가 없다
떨어진 채 옷장에 넣어두었던 모양이다
나머지 단추만 채우고 출근한다

다섯 개로 여밀 앞섶을 세 개로 대신한다
있는 것만으로 간신히 버틴 날들이었다
부족한 것을 다른 것으로 대신한 날이 더 많았다

조만간 나머지 단추도 떨어져 나갈 것이다
삶도 그렇기에
내 것이 아니라고 여겼을 뿐이다

다만
크게 욕심내지 않더라도
한번쯤 괜찮은 날을 가져보고는 싶었다

바람이 스미지 않는다면
굳이 꼭꼭 채울 필요 없겠지만

허술한 안쪽을 가리는 일 또한 단추의 몫이라서
코트 앞섶에
엇비슷한 단추 두 개를 다시 달아놓았다

글꽃

책상머리에 빈 화분 하나 올려놓았다
언제 저기 꽃을 심어야지 하면서도
여전히 빈 속이 꽃을 대신하고 있다

어쩌다 휴지를 던져 넣기도 하고
종이컵을 겹쳐 쌓아놓기도 했다

꽃을 심겠다는 건
흙 채우고 씨앗 심어
싹 틔우고
꽃 피우겠다는 말

이만큼 살았으니 심은 꽃이 적지 않지만
시름시름 앓는 꽃도
족히 한 섬은 된다

다 흙이 메마르고
물과 햇볕이 부족해서 생긴 것들이라

일일이 해명거리가 못된다

부족한 능력 탓이다
잘라 말했지만
아쉬운 생각도 좀 든다

이제부터라도 더 애써보자!

볼펜과 연필을 한 움큼 집어서
빈 화분에 푹 꽂아두었다

얼른 꽃 피거라!

쉼

눈코 허물어진
돌부처 머리 위로
설핏
꽃그늘 걸친다

돌에서 나왔던
입과 귀 돌려주고

어깨에 내려앉은
꽃잎 몇 장

몸 안에
향기를 들이는 중이시다

코스모스

찬물 한 그릇
떠놓았다

흔들리는
거기,

방금
하늘이 앉았다 간
흔적

여름

아침부터 우경(雨經)을 읽는다
멀리서 찾아오는 우레의 안부도 슬쩍 물으면서
꽃잎이 가는 길과
바람이 가는 길
어디가 다른지 실눈 뜨고 헤아려 보기도 했다

햇빛이 온통 장악했다 싶었지만
새로 솟는 힘은 언제나
돌보지 못한 곳에서 솟아나기 마련
촉촉촉
혁명의 싹들이 돋는 모양을 엿보기도 했다

나는 아직 먼 곳의 해갈과
물 한 통의 소임을 가늠할 공력이 못된다
그러나 물이 어디로 가는지
어떻게 흘러가야 하는지는 알고 싶어
장마 내경과
폭우 외경을 기웃거렸다

과거와 미래를 섞어 말하고 싶었던 것인데
아직 내가 발 디딜 곳은 아니었다

비는 소리로 오고
눈으로 오고
마음에도 온다는 사실을 고요히 짚어보았다
꼬박 하루 경전에 몰입했던 모양이다

번개가 당도하기 전
전화벨이 먼저 울렸다
퇴근하니 전철역으로 마중 나오란다
미리 내다보고 대비하지 못한 아내를 맞으러
읽지 못한 뒷부분은 덮어두고
우경 속으로 걸어 들어간다

오래된 달력

이 달력은 오래되었습니다
많이 남지 않았습니다
뒷부분이 두툼할 땐 몰랐는데
얄팍해지니 죄송한 게 한두 가지가 아닙니다

지나간 달력을 들춰보는 일은
되새김질을 닮았습니다
달력 귀퉁이에 적힌 기념일이라든가
가물가물한 기억을 간혹 꺼내 보곤 했습니다

어떤 달은 눈물에 한쪽이 얼룩졌고
어떤 해는 내내 환한 꽃이 가득하기도 했습니다

하고많은 일과 사연들
날짜마다 요일마다 빼곡히 적혀 있습니다
그런 줄도 모르고 너무 많이 달력을 뜯어먹었습니다
어쩌다 찢어버린 날은 왜 그리 많았던가요

아주 오래전 일이라도
달력만 펴면 낡은 장롱 속 색바랜 옷가지처럼
가지런히 걸려 있을 것만 같습니다

이 달력은 오래되어
무릎이 안 좋고 허리도 굽었습니다
주말이면 종일 아들 내외와 손주를 기다립니다
그러다가 저무는 날도 숱한,

오래된 이 달력에는
내가 아직 모르는 날이 더 있습니다

이미 지나갔으나
아직 나에게는 오지 않은,

그게 나의 달력입니다

제비

커다란 수박 한 통 사다가
먹기 좋게 깍둑썰기 한다

포정의 솜씨로
살과 껍질을 발라내고
아내와 아들은
쟁반 앞에 나란히 앉아
현란한 부엌칼 신공
넋 놓고 바라본다

자, 받아라
아내와 아들이 동시에 입을 벌린다

나는 재빨리
벌린 입에
붉은 수박 살 하나씩 넣어준다

나의 이력서

토씨 한 자 지웁니다

십 년 걸렸습니다

상한 밥

밥 때문에
말다툼하고 출근한다

밥 한 그릇 같이 먹겠다고
함께 살자 했는데

밥 한 그릇에
마음 잃고

상한 밥 한 그릇에
마음이 상하고

상한 마음 때문에
밥 한 그릇 버는 오늘 하루가
상하지나 않을까

지하철 의자에 앉아
전철 몇 대 보내며

푹푹
상한 마음을 덜어낸다

보풀

옷마다 보풀이 앉아 있다

빨래를 개며
꼼꼼히 뜯어내지만
보풀은 또 찾아온다

옷과 옷 사이
부지런히 흔적을 남긴다

옷을 입으면서부터
생기는 보풀

손끝에 가만히 닿는
발자국

세상과 나 사이에서
비비고 쓸리며 자라난

풀이
있다

나는 가구다

짝이 맞지 않은 서랍을 사용한다
이사하면서 제대로 맞추지 않아서 그렇다

한쪽이 기운 오래된 전축으로 음악도 듣는다
흔들리며 삐걱대는 책상에서
책 읽고 글도 쓴다

시간이 지나니 불편이 편하다

식탁을 들였다
배달 기사가 말했다
처음부터 딱 맞지는 않아요
조금씩 틀어지며 스스로 자리 잡아갈 겁니다

나도 차츰 시간에 맞춰져 간다

동행

형을 화장하고 오는 길
국도변에 차를 세우고
설렁탕을 먹었다

눈물자국 낯으로
그릇을 비웠다

옆자리에 앉힌 영정
웃고 있는 형님에게도
한 그릇 시켜드렸다

동행 2

구름 몇 어울려 읍내로 간 다음이었다

밭에 인분(人糞)을 져다 부리려 했으나
몸이 무거워
재 너머 뒤안으로 빨래를 갔다

바람은 바다에서 불어와 고개를 넘어가고
싸리꽃이 떼 지어 웃었다
싸리비를 엮겠다
퉁퉁 부은 손으로
싸리 몇 대 꺾어 묶었다

오전 해가 중천을 향해 갔다
마른 땅에서 열기가 훅 끼쳤다

커다란 양은대야 위에
싸릿대 한 묶음 얹어 돌아오는 길이었다
젖은 옷가지 간신히 울타리에 걸치고 나자

산통이 왔다

어머니 나이
스물여덟이었다

동행 3

잠든 아내의 얼굴을 들여다본다

파란곡절
다사다난
이런 말들이
언뜻언뜻 비쳐 보인다

먼 데 갔다가 돌아왔으나
다시 먼 길 가기도 했다

어느 사이
나도 슬그머니 발을 디밀었다

장모님이 떠난 자리
아이가 들어왔다

이마 위에 흘러내린 머리카락 몇 올
가만히 쓸어 올려준다

고요한 냇물에 손을 담갔는가

아내가 얼굴을 찡그린다
이마에 잔물결이 인다

동행 4

종로3가 전철역에서 상경한 어머니를 뵀다
어머니는 산을 데리고 오셨다
숲 그늘도 같이 왔다
이끼와 흙냄새도 따라 왔다
의도한 건 아니었지만
몇 정거장 전부터 나는 어머니의 도착을 알고 있었다

긴 세월 잡힌 주름 일일이 다 벗기고서
비로소 환하게 꺼내놓는
희디흰 냄새

세상에는 눈으로 확인할 수 없는 것도 있다
쇠와 콘크리트로 무장하고
단단히 닫아거는 스크린도어 틈 사이로도
얼마든지 스며드는 게 있다

왜 진작 알지 못했을까
이것에 떠밀리고 저것에 끌려가며

그토록 중요한 일이라 여겼지만
숱하게 놓치고,
놓칠 것들은 또 여전히 남아서
앞으로도 한동안 더
놓치지 않을 것처럼 붙들고 살아야 한다는 걸

참 아쉽게도 갈 길 급한 나는
검은 주름살 덮어 드리며 어머니를 전송하였다
스크린도어가 닫히고 전철은 떠났지만
어머니는 몇 정거장 뒤까지 따라오다가
간신히 돌아서셨다
어머니는 더덕 한 짐으로 오셨지만
나는 산을 통째로 받아 들고 간다

복기(復棋)

나이 먹으니
돌아보는 횟수가 잦다

청춘이란 손이 먼저 작동하는 것
몸 안에 들인 시간이 늘수록
그렇게 여겼다

몇 수도 내다보기 어렵던 날들
다시는 되물릴 수 없는 한 점을 착점하기도 했다
꼼짝없이 자충수에 옭아 매이기도 했다
수십 집을 날리는 악수(惡手)도
겁 없이 두었다

짐짓 속내 가린 채 동맹도 맺었다
어제 맞잡았던 손을
오늘 태연히 잊기도 했다
손 내밀다 불현듯 거둬들인 건
또 얼마나 많았나

눈 내리는 한밤
근근이 지어 올린 지붕 아래 누워
반생걸이 바둑을 다시 둬본다

숱하게 덜컥수를 놓으며
잘못된 착수를 곱씹기도 하며
어느덧 중반을 넘겼다

판 접지 않고 여기까지 온 게 어딘가
다행이다 하다가도
할 수만 있다면
두었던 돌 깨끗하게 걷어내고
달리 둬보고 싶을 때가 있다

오래된 미래

벽에 붙여놓았던 사진을 떼어냈다
벽지가 함께 떨어졌다
오래 붙어 있으니 한 몸인 줄 알았나 보다

내 몸속에도
분리와 일체를 분간 못하는 것들이 있다

같이 붙어 가거나
가는 족족 몰려다니는 것들이 남아 있다

살과 살
생과 생을 맞대고 살다가
마침내 이식의 순간을
맞이할 때가 생긴다

자정 넘어 순대가 먹고 싶다는 아내를 타박하며
염려를 잔소리라 생각하고
관심을 간섭으로 여기다가

그늘이 위로가 되는 날이 되면
그러면 알게 되리라

벽지와 사진이 함께 떨어진 게 아니라
벽지가 사진에 붙어 갔다는 걸

먼저였지만
나중에 온 것에 나를 내주었다는 걸

따뜻한 꽃

지하철역 의자에 앉는다

방금 떠난 사람이 남긴 흔적
내 안으로 스미는 온기

미온이 몸을 도는 동안
내가 남긴 흔적과 결과를 생각한다

헛것을 꽃피우려 안달하던 속내와
내게 온 것을 곧이곧대로 받아들이지 못하던 시절과
엉킨 기억을 풀기 위해 몸부림치던 시간

내가 걸어가는 시간이 아득하여
두 손을 엉덩이 아래로 밀어 넣어본다
따뜻하다

양 손바닥에 피어나는
꽃의 숨결

제3부

직관

중고서점에서 시집 한 권을 샀습니다. 받는 이의 이름이 적힌 저자 서명본이었습니다. 헌책방에는 받은 사람이 판 새책 같은 헌책이 의외로 많습니다.

시집을 펴내면 꼭 서명 없이 드리겠습니다.

시인

출타했다 돌아와 보니
버마재비 한 마리가 문고리를 잡고 있었다

주인이 집 비운 사이
잠시 들러 비결을 놓고 가려 했던 것일까
아니면
권(拳)의 형신(形神)을 몸소 전수하려 기다렸던 것일까

반갑고 고마운 일이지만
세상 이치는 고사하고
어미와 조사도 다 터득하지 못한 터라
둘둘 만 신문지 쫙 펴 보이며 정중히 거절하였다

당랑거사께서 몸 일으켜
문 앞까지 행차하셨는데
휘휘 손 저어 돌려보내고 말았다

도심 깊은 곳까지 찾아든 내심을

다 헤아리지 못하였기에
앞뒤를 살피지 않았고
덧붙일 말도 없었다

다만 이십수 년 닦고도
문파를 분별하거나
은사(隱士)를 알아보는 안목이 턱없이 부족해
그만 내려설까 생각하던 터라
한 마디 물어보기는 할 걸 그랬나 보다

이제 그만 놓아버릴까요?

좀 더 가봐도 괜찮을까요?

몽유도원

  개나리 진달래 이화나 동백은 버려두고 춘삼월 도화촌 골 깊은 산속 절벽 위 청송 비껴 학이 날고 한밤 긴 잠, 긴 원행(遠行) 즐겁게 노닐다 돌아와 너무 오래 머물렀나 싶다가도 그 시절 그곳 다시 가볼 생각 쉬 떠나지 않으면 금침 한 채 펼쳐놓고 성장 한 벌 갖추고 들어가 긴 하룻밤 푹 자고 일어나면 지나간 날도 되돌릴 수 있으려나 화려한 자개장 도화원 낡은 문짝 활짝 열고 귀 닳은 거울에 비춰보는 주름진 생애에도 봄은 와 있는 듯

  그런 날에는 때늦은 연하장을 써도 좋겠다
  해와 달이 번갈아 뜨고 지는 초옥 한 칸 빌려
  매화를 기다려도 좋겠습니다
  적는다

  늘 뜻 같지 않게 길상(吉祥)하지 못하고 마감과 뒤처리에 쫓기며 만사형통과는 거리가 멀어도 긴 잠, 긴 원행 교대로 거치며 여기까지 왔으니 사시청청불변심(四時靑靑不變心) 글월을 적으며 이제는 만월 속으로 날아드는 백학 깃털 정도는 주

워 들 것 같다 일월과 오악은 멀리 있고 길상과 형통은 영영 오지 않아도 때로 빈틈을 허락하고 간혹 때늦은 연하장을 쓰며 그렇게 오래된 자개장 도화원 삐걱이는 문도 열어둘 일이다

    난분분 날리는 꽃잎은 물결 따라 흘러가고
    내 몸 속에 불현듯 와버린,
    어쩌면 다시 오지 않을
    장장춘일(長長春日) 한나절에는

노계불(老鷄佛)

시장 골목 치킨집
머리 자른 바싹 마른 통닭 한 마리
통째로 접시에 얹혀 나왔다
설산 고행 수도승 몰골이었다
가부좌 반쯤 푼 채 똑바로 누워 있었다
반개한 눈이라도 마주친 듯
내가 다 놀랬다

가사 대신 튀김옷 입고
기름 솥 입욕 끝낸 비쩍 마른 통닭
날갯죽지를 잡아 뜯는다
죽지뼈를 씹으며 곱씹어 본다
이것을 치킨이라고 불러야 하나
살과 가죽 다 내주고 사지도 떠나보낸
한 소식 깨달음에 이른
노승이라 부르면 안 되나

접시좌대에 등신와불 모셔놓고

어쩌면 나는 나보다 못한 처지만 골라 뜯어먹고 왔는지 모른다
배려는 애초부터 없었는지 모른다
이따위 알량한 취심(醉心)이 스멀스멀 일어
스테인리스 숟가락 맑게 두드리며
노게불
노게불
자꾸만 염불을 외는 것이다

밤 늦어도 다 내려놓지 못한
불평과 불만을 잔뜩 지고 취선(醉禪)에 든다
계육주선(鷄肉酒禪)에 임하는
여기는 캄캄한 선원 입구
나는 자꾸만 멀리 가버린 머리를 찾아와
몸통에 맞춰보는 것이다

도강록(渡江錄)

  이른 아침부터 창가에 서서 강물이 흘러가는 모습이나 간신히 건너오는 짐과 가축 주점 안으로 막 들어서는 객 따위를 살피는 일로 시간을 보내곤 했다 아직 내 차례는 멀었다 조바심 낸다고 순서가 당겨지지는 않는다

  하필 강 앞에서 큰 비를 만났다 걸음을 지체한 탓이다 물이 많이 불어서 탐욕스러웠다 내가 알던 협곡의 풍광은 아니었다 그렇거나 말거나 삼대(三代)를 끌더라도 다 받아 적지 못할 물소리는 그냥 흘려보내고 진한 흙빛 차나 한 잔 더 마신다

  아직은 내 붓끝이 물굽이를 다 따라가질 못한다 그저 차례만 기다릴 뿐이다 정작 순서가 되어도 단번에 자리 털고 나서지 못하는 게 이곳 실정이라지만 때가 되면 나는 기꺼이 자리 뜰 것이다 돌아보지 않을 것이다 그리 마음먹으면서도 과연 다시 볼 수 있을까 협곡을 감시하는 푸른 하늘 매 한 마리 검은 흙과 돌뿐인 산비탈 지금 떠나면 기억이나 할까 싶어 지긋이 눈을 감았다가 떠보았다

해가 높아지려면 아직도 멀었다 설산을 넘어온 상인들이 법구를 잡다하게 늘어놓았지만 내 관심은 거기 있지 않았다 며칠 안에 강을 건너지 못할지라도 한동안 건너지 못할지라도 차나 한 잔 더 하는 게 지금 내가 할 일이었다 아직 건너지 못한 강이 한둘 아니고 어차피 되돌릴 걸음도 아니었으니

차를 탐하다

히말라야 산중턱
설산 바람과 햇살로 키웠다는 차를 마셨다
엷은 맛 저 너머에서 함께 건너온
불과 얼음의 시간
인간의 몸으로 신의 기호를 탐한 죄로
몇 날 며칠을 앓아눕고 말았다

신과 인간의 기호는 무엇이 다른가
신에게 바치는 꽃과 차와 향이
신을 기쁘게 한다면
꽃과 차 앞에서 인간도 기쁘지 않겠는가
인간은 탐하지 말라
신이 그리 가르치지 않았을 것이다

며칠 끙끙 앓으면서
신과 인간의 기호 운운 해보았지만
아무래도 나는 향기로운 차를 더 마시고 싶을 뿐이었다
성심 다해 차를 우린 후

신의 영역 한쪽 슬그머니 한자리 하고 앉아
신의 기호를 맛봐야겠다
혹, 아는가
신들의 잡담에 귀 기울이다 생의 본질을 꿰차게 될지
신에 가까워지는 비밀 한 자락 엿듣게 될지

그렇지 않더라도
뜨거운 열과 혼곤한 정신에
아홉 번 몸 뒤집고 아홉 번 땀 쏟으면서
반쯤 향기로운 차가 되어가는구나,
깨달음에 이르는 듯도 했다

앓아누운 몸으로 차 한 잔을 겹쳐 맛보았던 셈인데
아픈 몸과 혼곤한 정신 탓에
집착과 미련이 잠깐 자리 비운 사이
차나 한 잔 더 하게 해달라고
신에게 슬쩍 부탁한 것인지도 모른다

요양병원

나이 들수록 어두워지는 마음
혹, 흘리거나 버려둔 기억은 없나

저것이어야 하는데
이것이라고 우기는 건 없나

가져 갈 것과
두고 갈 것이 섞이지나 않았나

똑바로 받아 적거라

휴가 나온 군인처럼
모처럼 환해진
오후

꽃그늘

등 굽은 노인네
등나무 아래 앉아 있습니다
지팡이 뉘어놓고
물끄러미 앞만 보고 있습니다

감꽃이 왔다 가고
능소화도 왔다 가고

이러면 어땠을까요

기다림이 더 길었더라면
오는 길이 더 멀었더라면

벚꽃이 피어도
목련이 다시 와도

꽃그늘 비었습니다

검은 새

탄광촌 한 시절을
검은 비닐봉지에 고스란히 담아왔다

조금만 날아올라도 숨이 가빠
팽창과 수축을 급격하게 반복하는
구멍 난 비닐봉지

한때는 공기를 가득 채우고 싶었다 풍선처럼
바람 많이 간직하고
날아오르고 싶었다

단숨에 능선을 넘어
강줄기 가볍게 거슬러 올라가는
불같은 새가 되고 싶었다

누군들
새 아니었던 시절 있을까
날갯죽지 아래 불을 키워

구들 데우던 날들 행여 없었을까

한결같이 얄팍해진 숨결이
산재병원 뜨락에 모여앉아
볕을 쬔다

흰 구름, 맑은 바람 채우던 봉지들이
찢어진 날개를 접고
쌕쌕
숨을 쉰다

부고를 적다

늙은 호박 한 덩이를 텔레비전 옆에 모셔 두었다
우리 집 중심은 텔레비전,
늙은 호박이 동급으로 격상하였다

텔레비전을 켤 때마다
늙은 호박이 밝게 빛났다
젊은 남녀가 뜨겁게 포옹할 때는
슬쩍 눈길 돌려

호박 덩굴 아래 누가 살았나
호박은 누굴 껴안고 배가 불렀나
잠시 궁금했을 뿐인데
살 만큼 산
늙은 호박 둥근 낯이
붉게 물들기도 했다

어느 날
텔레비전이 켜지지 않아

넝쿨 들치고 들여다보았더니
늙은 호박이
켜놓았던 등불 다 끄고선
가만히 무너져 내린 것이었다

봄날

일만 장 헌 기와 헐어 담장을 쌓고
담까지 허물어진 다음
와편(瓦片)으로 밭을 이룬
폐사지 회암사

땅을 파면 쇠 끝에 걸려 나오는
번성과 쇠락의 흔적

절 떠난 빈터
꽃은 무더기 무더기 뭉쳐서 피어나고
일러주지 않아도
꽃들에겐 길을 열어 두었나

주저앉은 축대 마저 허물고
안팎 가득 새로 일어서는 꽃의 창성

대궁 일으켜 기둥 세우고
꽃잎 피워

홍와백와(紅瓦白瓦) 층층이 올리는
분주한 중창 불사(佛事)

이 화계(花界)
얼른 한 세상 그려 올렸다가
다시 무너뜨리길 되풀이하는

꽃의 성쇠
꽃의 윤회

발부리 가까이 태무심
저 지경 넘어
가람 안으로 들어서는
화사(花蛇) 한 마리

월명(月鳴)

긴 모랫길 걸어온 짐승들은
사막의 초승달
이곳에서 잠시 배 깔고 엎드리기도 했다 한다

사막 한가운데 마르지 않는 샘이 있다는 사실
모래바람이 순식간에 덮어버릴 것 같지만
의외로 골기가 있었던지라
삼천 년 전부터 끄떡 않고 버티었던 것이다

오래전 사람들은
물가에 누각을 올리고
나무 심고 물을 가두었다

여전히 경계 밖에서는
모래바람이 하룻밤에도 언덕 서너 개를 옮겨 앉히는데

간신히 남은 어금니 하나

달은 밤마다
돌과 바위 잘게 씹느라 다 닳아버렸다

학생

평생이 공부라더니
비산비야(非山非野) 벌판 앞에 서면
어느새 학생입니다

논밭이야 애초부터 몰랐고
발도 들이지 않았으니
나의 업은 아니라 치더라도
쌀이 입으로 들어오고
콩과 보리가 몸 나서는 일을 매일 겪는다면야
이 또한 내 일이 아니겠습니까

제 본업이야 세상이 들려준 말과 몸짓
가만히 옮겨 적는 사경승이라 쳐도
세상 언저리에 한 발 걸쳤으니
들을 줄 아는 귀
볼 줄 아는 눈은 조금 열어놓았겠지요

도시락 싸 들고 들판으로 나서

사철 꼬박 개근 못하더라도
비와 바람이 어떻게 이삭을 여물게 하는지
노을이 콩잎을 어떻게 물들이는지
다 배우지 못하더라도

오늘도 가방 둘러매고 다녀오겠습니다
문을 나서는 나는,

번듯한 학위 없고
벼슬 한 적 없으니
죽어서도 배우는 자
학생이라 하지 않겠습니까

내가 아팠구나

귓전을 맴도는 모기를 잡느라
잠을 깼다

아내와 아이의 잠자리를 다독여주고
불 끄고 다시 누웠다

모기 소리 대신
곤히 잠든 가족의 숨소리를 듣는다

모기 말고도 귓전을 괴롭히는 것은
얼마든지 있다
그걸 알기까지 오래 걸렸다

그러고도 여전히
아픔을 알아채듯 귀가 먼저 열리곤 했다

일부러 듣자고 깬 건 아닌데
안간힘 다해 지킨 것이

숨소리뿐인 것 같다

한사코 멀리 가려던 날 주저앉힌 것도
알고 보면 가늘고 여린
저 숨소리

한밤중에 깨어
상처에 호, 하고 불어주는 입김 같은
숨소리를 듣는다

도화(桃花)에 머물다

오래된 복숭아나무가 꽃을 피웠다

늙은 가지에도 멈췄던 젖이 돌아
연분홍 꽃봉오리 내밀다 어느 순간
마당 온통 환히 밝히는
저 꽃,
미열 없이는 볼 수 없다 했는데

참 오래 선계(仙界)만 떠돌다
지상에 돌아와 열꽃을 피워
이젠 터 잡고 안주하려나
바람 없는 오전을 골라
마당가에 한 짐씩 몸 부리는 모습

저 꽃,
귀신을 쫓는다 하여
마당 안에 들이지 않는다 했는데
시든 꽃잎 한 꺼풀씩 벗겨서 내려놓는

이 아침의 하역(荷役)

엷은 감기 기운이 몸속을 도네
봄꽃 같은 미열이 이제야 피러나 보네

억지로 잡고 있던 가지 한 끝
그만 놓아버렸는지
늘 마음 먼저 저문다 했더니
그새 내 이마 덮고 마는 꽃의 입김

마음은 종일
몸 늙은 복숭아나무 꽃자리에 머문다

화개(花開)

 송구스럽게도 오늘도 가슴에 소용돌이쳤습니다 뭘 그딴 걸 가지고, 한두 번 겪는 것도 아니면서 하셨겠지요 그렇지만 어쩌겠습니까 내 몸이면서도 제 멋대로 솟구쳤다 가라앉았다 하는 걸…… 소용돌이 이는 가슴 주체 못하고 들숨 날숨만 서너 번 크게 해볼 밖에요 누구는 저더러 유머가 부족해서 우아하게 화내는 법을 몰라서 그렇다 했습니다 아무렴 그렇겠지요 내 생이 여기 터지고 저기 솟구치는 나날이고 보면 저는 큰 회오리 속에 세 들어 살고 있는 셈, 그나마 안으로 들수록 고요한 때도 있지 않았겠습니까 그러니 저는 벌렁거리기도 하고 뒤집어지기도 하는 가슴이 끝끝내 제 마음대로였으면 좋겠습니다 타협하지 말았으면 좋겠습니다 훈풍과 햇볕을 마주하고서도 사방에 터지는 웃음을 보고서도 아무렇지 않은 척 모른 척 가만히 있지 않았으면 좋겠습니다

 필경 몹쓸 병이 든 게지요
 문 닫아걸어도 제멋대로 마구 걸어 들어오는 꽃이라는 걸
 이 시절에는 나도 피워보고 싶은 게지요

그러니 몸 안에 생긴 병
쉬 낫게 하지 마세요
큰 병이 작은 병을 치유한다지 않습니까
지금은 그저 큰 병을 좀 앓고 있답니다

과제

새 한 마리 날아와
눈 위에 앉는다

보이지 않는 먹이를 찾겠다고
눈 위에 찍어놓은

소소소수수수
발자국 여럿

금세 녹아 사라질
발자국만 남기고
새는 날아간다

이 아침
나의 할 일은
떠난 새의
발자국을 붙드는 일이다

해설

철필(鐵筆)로 꽃을 새기는 문객(文客)의 운명

우대식(시인)

　이용진 시인, 참 오랜만에 들어보는 이름이다. 오래전 그와 함께 축구를 했고 서예와 관련된 글 읽기를 좋아했던 탓에 그가 보내준 서예 관련 잡지를 여러 권 받아 보기도 하였다. 그리고 이십여 년 동안 마술처럼 교류 없는 세월을 잘도 살아왔다. 시집 초고와 함께 온 그의 약력을 물끄러미 바라보니 1995년 등단하여 이것이 첫 시집이다. 쓸쓸하니 반가운 생각이 겹쳐온다. 시의 길이란 한번 들어서면 어떠한 운명일지라도 시의 길로 다시 돌아올 수밖에 없음을 절감하게 되는 바다.

　시를 읽으며 변방의 한 검객을 떠올리지 않을 수 없었다. 칼과 몸이 하나가 되기 위해 온몸을 베여 가며 연마에 연마를 거듭하다가 흐르는 물에 제 낯을 비추는 검객.

시란 무엇인가를 찾아가는 문객으로서의 그의 여정이 그러하다는 말이다.

>나를 앞서간 선생들은 한결같이
>무릇 시란 몰자(沒字)와 무문(無紋)으로 빛나는 것
>문자로 쓰는 게 아니라 일러주었건만
>성미 급한 나는
>낙필(落筆)부터 하려 들었다
>
>시간이 지나
>내가 꺼낸 말들이 돌고 돌아
>다시 나에게 와서
>얼룩이 되기도 했다
>
>만들었던 무늬를
>하나씩 지워가는 것이 문객의 운명이다
>
>오래전 예언이
>내 것처럼 여겨지는 저녁
>
>당분간
>나고 죽는 일을 말하지 않더라도

얼룩과 무늬를 분간 못하더라도
여전히 계격(界格)도 구획도 없는
시를 쓸 것이다

얼룩이 된 무늬처럼
무늬가 되는 얼룩처럼
아주 천천히 지워지는
몰골풍(沒骨風) 시를 쓸 것이다
─「저물녘」 전문

  그가 의식하는 시란 "몰자(沒字)와 무문(無紋)으로 빛나는 것"이다. 글을 잃고 무늬 없이 빛나는 경지가 그가 지향하는 시의 세계다. 그러니 검객을 연상케 하는 문객의 운명이란 "만들었던 무늬를/하나씩 지워가는 것"일 터이다. 시란 "문자로 쓰는 게 아니라"는 성찰은 시의 문제를 존재의 문제로 끌어올린다. 존재를 의미 있는 존재로 존재케 하는 힘을 그는 시에서 본 것이다. 오랜 시간 그가 시를 쓰지 못한 이유도 여기에 있을 것이다. 자신에게 돌아와 얼룩이 되는 말들에 대한 고뇌는 영혼의 방황을 의미한다. 얼룩을 지워내는 일이란 한껏 부풀어 오른 시적 긴장을 유지하면서도 간결한 시적 언어의 행보를 의미하는 것이다. 염화시중의 미소와 같이 어느 지경에 이르러야만 서로 감지할 수 있는 세계로의 진입이 그가 꿈꾸는 시적 경지라 할 수 있다. "오래전 예언이/내 것처럼 여겨지는 저녁"은 시인으로서 자신의 운명을 받아들이고 있음을 보여준다. 자신의 언어가 얼룩일지라도 "몰골풍(沒骨風) 시를 쓸 것이다"라는 투철한 자기 인식은 그가 서 있는 시의 전선이 어디쯤인가를 여실히 보여준다. 치열한 인식의 싸움터에서 얼룩이 무늬가 되고 무늬가 얼룩이 되는, 그러다가 모든 것이 지워져 버리는 "몰골풍(沒骨風) 시를" 쓰겠다는 의지는 시에 대한 그의 생각을 단적으로 보여준다. 몰골풍이란 먹이나 물감을 찍어 한 붓에 그리는 화법이라는 점을 염두에 둔다면 시적 수사니 기교를 넘어 삶의 오욕과 환희가 한데 어우러진 비의(秘意)를 드러내고 싶다는 것이 그의 욕망일 터이다. "세상 제각기 장경각인 줄 모르고/깊고 깊게 수만 권 경전 끼고 사는 줄 까맣게 모르고/쓸데없이 허튼 데만 기웃거렸다"(「없는 시를 권함」)는 진술은 젊은 날 시인으로서 자신의 태도에 대한 성찰적 고백을 담고 있다. 세상의 무엇이나 경전을 담은 집이라는 인식은 세계를 바라보는 시점에 변화를 주게 된다. 가르고 나누어 사고하는 편협성을 넘어 통합적으로 세계를 바로보고자 하는 시적 욕망이 몰골풍의 시 쓰기라 할 것이다.

    싸락눈 내리는 소리가 난다
    싸락눈 밟고 멀리서 누가 온다

들창을 닫고 저녁을 준비한다
어쩌다 끼어든 새소리
바람 소리
장작 타는 소리

아직 피지 않은 꽃을 생각했다
가끔씩 들르는 검은 고양이도 생각했다

누구에게나 가장 빛나는 순간은 있기 마련
다들 그걸 드러내라 했지만

여기에 나를 앉힌 건
싸락눈 껴안고 잠시 왔다 떠나버린
바람 한 호흡

밑줄 가득한 책을 덮는다
아직도 늦어 피는 꽃의 향기를 짐작 못하고
소문 근처만 서성인다
식솔들에게 못한 얘기는 접기로 한다

강물에 발 담글 때

    강 끝을 먼저 생각하지 않는다 했지만
    열 번쯤 썼다가 지워도
    어떻게 뿌리가 꽃이 되는지 모르겠다

    내가 거두려 했던 결말마저
    자꾸 고쳐가며 새로 피어날 뿐이다
           —「아직 피지 않은 꽃을 생각했다」 전문

  백석의 시를 연상케 하는 이 시의 시적 배경과 비극성은 시적 정서를 한껏 고조시킨다. 이 시를 이용진 시인의 시론으로 읽어도 좋겠다. "싸락눈 밟고 멀리서 누가 온다"는 기대는 시를 향한 열망을 정중동의 세계 속에서 보여주는 것이라 할 수 있다. 누군가 오는 것을 맞이하기 위해 저녁을 준비하고 정적 속에서 감각의 촉수를 어둠에 드리고 있다. "아직 피지 않은 꽃을 생각했다"는 시구는 이 시집 전체를 관통하는 상징성을 띠고 있다. 시에 대한 열망이 이 시집의 많은 시편들을 메타적 성격을 띠게 하는데, 그 모든 것을 통어하는 시구가 바로 이 구절이다. 아직 피지 않은 꽃의 실체는 "가장 빛나는 순간"에 "그걸 드러내"는 것이라 할 수 있다. 꽃을 보여 달라는 또는 꽃을 드러내라는 타인들의 요구에 시적 주체가 생각하는 것은 "바람 한 호흡"일 뿐이다. "아직도 늙어 피는 꽃의 향기를 짐작 못하고/소문 근처만 서성인다"는 시적 진술은 시에 대한 겸허함과 암중모색의 의미를 담고 있다. "열 번쯤 썼다가 지워도/어떻게 뿌리가 꽃이 되는지 모르겠다"는 시적 고백도 같은 맥락에서 볼 수 있다. 근원으로부터 솟구쳐 올라온 존재에 대한 탐구가 시 쓰기의 상징적 의미로서 "꽃"이라 할 수 있다. "자꾸 고쳐가며 새로 피어나"는 꽃의 실체란 고정된 것이 아니기에 늘 탐구의 대상이 될 수밖에 없다. 현재라는 시간은 없다. 강물은 늘 흘러갈 뿐이며 꽃도 늘 새로 피어날 뿐이다. 피지 않은 꽃을 생각한다는 것은 결국 시적 주체가 끝없이 자신을 갱신하려는 욕망에 끈을 대고 있음을 의미한다. 이용진 시인의 미덕은 상처와 고뇌를 포즈로 보여주는 것이 아니라 내면화한다는 사실이다. 이 시집에서 "꽃"과 "시"는 동음이의어라 할 수 있다. 이는 "꽃 핀 사연을 듣겠다고/뒤꿈치 들고/꽃 가까이 귀를 가져다 댄다"(「시를 읽다」)는 구절에서 다시 한 번 확인할 수 있다.

시에 나타나는 자기 반영의 성격은 다양한 연원이 있을 것이나 이용진 시인의 경우는 시 쓰기에 대한 열망과 그 맥락이 닿아 있다. 아마도 그의 의식은 언제나 시를 향해 안테나를 세우고 있었을 것이며, 수많은 좌절과 절망을 맛보았을 것임에도 불구하고 다시 시의 길 위에 서 있는 자신을 발견하게 된다. "볕에 기대고/물에 힘입어/일자일구(一字一句) 성심껏 주무르다 보면/간결하고 명징한 말들만 남아/처음부터 제 것인 양/딱 맞을 것 같습니다"(「시」)는 구절은 빨래의 과정을 시 쓰기에 대입하고 있다. "성심껏"이라는 말은 시를 대하는 극진한 태도를 뜻하는 것이고 "간결하고 명징한 말"이란 시적 주체가 지향하는 시의 세계를 의미하는 것이다. 그러한 의미로 그의 시에 나타나는 여백은 한국화의 여백과 상통하는 의미를 지니고 있다. 여백의 힘은 어디서 비롯되는가? 그의 시에 의하면 "뜸"에서 비롯된다. "뜸은 어디에서 생겨날까/있는 것과 없는 것/온 것과 오지 않은 것 사이/어디쯤"(「뜸을 들이는 이유」) 여백이란 채워지지 않은 것이 채워진 것보다 더 나을 때 의미를 지닌다. 있는 것과 없는 것 사이 또는 온 것과 오지 않은 것 사이에 완성을 향한 뜸이 있다. 시인이란 무릇 없는 것, 오지 않은 것을 사유할 수 있어야 하고 그리지 않음으로 그려낼 수 있는 존재인 것이다.

    찬물 한 그릇
    떠놓았다

    흔들리는
    거기,

    방금
    하늘이 앉았다 간
    흔적

—「코스모스」 전문

 이 시의 제목을 코스모스 꽃잎으로 이해해도 무방하지만 우주라고 이해하는 것이 시를 이해하는 데 더 도움이 될 것이다. 떠놓은 찬물 한 그릇 속에 하늘 혹은 우주가 담겨 있다는 인식은 시적 주체의 세계관을 반영하고 있다. 우주만물이 하나의 이치로 연결되어 있다는 인식은 모든 사물에 영성을 불어넣는다. 교환의 가치로 사물을 바라보는 현대인은 이해할 수 없는 세계 인식이다. 그가 앞의 시에서 말한 "몰골풍(沒骨風)"의 시는 바로 이러한 세계의 전체성을 드러내는 것을 의미한다. 찬물 한 그릇에 담긴 우주 속에 너와 나 혹은 시시비비의 구분은 아무런 의미도 없다. 여백이야말로 사물성의 순수성을 드러내는 바탕이 된다. 이용진 시인의 자기반영적 시에서 시적 주체가 인식을 했든 하지 않았든 간에 시란 포즈가 제거된 담백한 여백의 세계를 지향하고 있음을 보여주는 것이다.

 새 한 마리 물가에 날아와 제 낯을 비춰본다

 얕은 물
 먼 뒤편

평생 날아도 다 날지 못할 허공은 그대로인데

아직 할 일이 남았구나

다행이다
─「관상」 전문

이 시의 제목을 거울로 바꾸어도 좋겠다는 생각으로 시를 읽는다. 다만 관상이라는 제목을 통하여 운명론을 끌어들이고 있다. 이 운명론은 기실 자신을 위태한 곳에 위치시키기 위한 방법론이다. 제 낯을 비추는 새는 물론 자신의 형상이며 허공 속에서도 자신에게 할 일이 남아서 다행이라는 진술은 어떤 능청을 포함하고 있다. 다른 예술도 마찬가지겠지만 이면을 들여다보아야 진경을 볼 수 있는 법이다. 그러니 이 시의 알맹이는 해야 할 일이 남아 있다는 사실이며 그것은 단언컨대 시 쓰기일 터이다. 이면의 여백은 시 읽기를 통해 풍부한 사유의 세계로 우리를 이끈다. "토씨 한 자 지웁니다//십 년 걸렸습니다"(「나의 이력서」 전문)는 시인의 시적 미학을 여실히 보여준다. 어쩌면 그에게 시란 지움의 길이고 여백을 만들어 숨 쉬는 길이라 할 수 있다.

이 시집에서 「동행」 연작은 가족의 이야기를 쓰고 있다. 형, 아내, 어머니로 이어지는 서사들은 사람살이의 쓸쓸함을 동반한 휴머니티를 보여준다.

> 형을 화장하고 오는 길
> 국도변에 차를 세우고
> 설렁탕을 먹었다
>
> 눈물자국 낯으로
> 그릇을 비웠다
>
> 옆자리에 앉힌 영정
> 웃고 있는 형님에게도
> 한 그릇 시켜드렸다
>
> ─「동행」 전문

죽은 형을 화장하고 돌아오는 길에도 사람살이는 여전히 세속의 길 위에 서 있는 법이다. 가족 모두 눈물의 '설렁탕'을 먹지만 죽은 형만이 웃는 낯으로 설렁탕을 대하고 있는 아이러니에서 극진한 슬픔을 느끼게 된다. 우리의 삶이 거대담론 속에 위대한 진리를 탐구하며 살아가고 있는 듯하지만 여항에서 울고 웃으며 살아간다는 사실은 죽음 앞에서 더 극명해진다. 동기의 죽음에 한없는 슬픔을 표명하다가 눈물의 낯으로 수저를 드는 조잔함이야말로 삶이라는 형식에 가장 근접

된 모습을 하고 있다. 그러한 의미로 동행이란 가족이라는 이름으로 이 세상을 살아가는 자들에 대한 연민이며 위로의 구체적 행위라 할 수 있다. 잠든 아내를 바라보다 "이마 위에 흘러내린 머리카락 몇 올/가만히 쓸어 올려"(「동행 3」)주는 행위가 바로 동행의 구체적인 형상이다. 동행으로서의 가족의 의미는 확장되어 함께 살아가는 것들에 대한 살뜰한 속내를 드러내기도 한다. "산다는 게/덜컹거리며 가는 것 아니겠냐는 그 말"(「위로」)은 동행의 확장된 의미를 보여주고 있다.

    지하철역 의자에 앉는다

    방금 떠난 사람이 남긴 흔적
    내 안으로 스미는 온기

    미온이 몸을 도는 동안
    내가 남긴 흔적과 결과를 생각한다

    헛것을 꽃피우려 안달하던 속내와
    내게 온 것을 곧이곧대로 받아들이지 못하던 시절과
    엉킨 기억을 풀기 위해 몸부림치던 시간

    내가 걸어가는 시간이 아득하여

두 손을 엉덩이 아래로 밀어 넣어본다

따뜻하다

양 손바닥에 피어나는

꽃의 숨결

—「따뜻한 꽃」 전문

  가족으로부터 파생된 "동행"의 의미는 자아와 타자의 관계성을 보다 유의미한 것으로 끌고 간다. 타인이 앉았다 떠난 자리에 남은 "흔적"과 "온기"에 대한 명상은 자연스럽게 자신의 문제로 치환된다. "내가 남긴 흔적과 결과를 생각"하는 자아는 다분히 윤리적 자아이며 동시에 반성적 자아이기도 하다. 시인은 자신이 방황하던 한 시절을 "내게 온 것을 곧이곧대로 받아들이지 못하던 시절"이라고 스스로 규정하고 있다. 그것의 보다 상징적인 의미는 "헛것을 꽃피우려 안달하던 속내"의 시절이기도 하다. "꽃"은 이용진 시인에게 "시"의 상징이며, 생의 절정으로서의 의미를 띠고 있기도 하다. 시적 주체가 지하철이라는 대중의 공간에 앉아 느끼는 저 따뜻함의 정서는 헛된 시간을 통과해온 자의 깨달음이 바탕이 된다. 사람살이란 기실 서로 크게 다르지 않으며 서로가 서로에게 온기를 불어넣어 주는 일이라는 평범한 진리를 이 시는 잘 보여준다. 지하철 의자에 앉아 자신의 엉덩이 아래로 두 손을 밀어 넣어보는 일이란 자신은 물론 타인을 생각하는 일이기도 하다. 백석의 시 「山宿」에서 시적 화자가 산골의 여인숙에 들어 까만 목침을 보며 그곳을 지나갔을 사람들을 생각하는 장면을 이 시는 연상케 한다. 무수한 사람들이 앉았다 갔을 자리에 앉아 엉덩이 사이로 손을 넣었을 때 "양 손바닥에 피어나는/꽃의 숨결"을 느끼는 것에서 자타일여의 한 모습을 보게 된다. 이런 관점에서 본다면 동행 아닌 것이 이 세계에는 없다. 이 시집에 나타난 낡은 것 혹은 오래되고 늙은 것에 대한 지향도 동행이라는 메시지를 통해 이해할 수 있을 것이다. "낡았다는 건/아직 가져 보지 못한 색깔을/새로 하나 얻은 것"(「낡았다는 건」)이라는 시적 진술에서 세계를 대하는 이용진 시인의 태도를 알 수 있다. "누군들/새 아니었던 시절 있을까"(「검은색」)라는 내적 고백도 늙고 사라져가는 것들의 가치를 상기시켜준다. 이용진 시인의 휴머니즘이 서린 자리가 이 언저리이다.

 이 시집은 자기반영적 시 쓰기를 통해 시를 향한 시인의 치열한 육박을 보여준다. 시에 대한 생각이 오랜 시간 내면화된 터라 어떤 걸림이나 어려움도 없다. 시를 읽으면 누구나 고개를 주억거릴 터이다. 그러나 스스로에게 부과한 아름다운 과제가 하나 남아 있다. 아래 시를 자세히 읽어보면 이 또한 시 쓰기의 한 모습이다. 쓰고 쓰다가 또다시 물에 낯을 비추어 보는 운명. 이 한 편의 시를 읽는 것으로 다른 이야기를 대신

한다.

　　새 한 마리 날아와
　　눈 위에 앉는다

　　보이지 않는 먹이를 찾겠다고
　　눈 위에 찍어놓은

　　소소소수수수
　　발자국 여럿

　　금세 녹아 사라질
　　발자국만 남기고
　　새는 날아간다

　　이 아침
　　나의 할 일은
　　떠난 새의
　　발자국을 붙드는 일이다

　　　　　　　　　　—「과제」 전문

시인동네 시인선 163

아직 피지 않은 꽃을 생각했다

ⓒ 이용진

초판 1쇄 인쇄	2021년 11월 18일
초판 1쇄 발행	2021년 11월 25일
지은이	이용진
펴낸이	김석봉
디자인	헤이존
펴낸곳	문학의전당
출판등록	제448-251002012000043호
주소	충북 단양군 적성면 도곡파랑로 178
전화	043-421-1977
전자우편	sbpoem@naver.com

ISBN 979-11-5896-535-8 03810

*이 책의 판권은 지은이와 문학의전당에 있습니다.
*양측의 서면 동의 없는 무단 전재 및 복제를 금합니다.
*잘못 만들어진 책은 바꿔드립니다.